Ellen Auerbach   Anton Stankowski

Ellen Auerbach   Anton Stankowski

Ellen Auerbach Anton Stankowski

Zeitgenossen

Vorwort

Nach den Architekturfotografien von Klaus Kinold setzen wir unsere Ausstellungsreihe unter dem Motto "Kunst der Fotografie für die Vereinte" mit einem Beispiel schon klassischer Fotografie fort. Die beiden Künstler Ellen Auerbach und Anton Stankowski sind über 90 Jahre alt geworden ohne sich jemals persönlich begegnet zu sein. Im Gegensatz dazu finden sich ihre Arbeiten gemeinsam in Sammlungen, Katalogen und großen retrospektiven Ausstellungen, zuletzt bei "Deutsche Fotografie, Macht eines Mediums 1870 - 1970" in der Bundeskunsthalle in Bonn.

Den Hinweis auf Frau Auerbach verdanken wir der Architektin des Neubaus unserer Generaldirektion, Ulrike Lauber (Lauber + Wöhr), in der nun diese Ausstellung stattfindet. Seit 10 Jahren ist sie mit Ellen Auerbach befreundet und kümmert sich mit Engagement um deren Kontakte in Europa. Eine weitere Freundin Auerbachs, Barbara Klemm, hat mit großer Sorgfalt einige Fotos für unsere Ausstellung vergrößert.

Mit Anton Stankowski und seinem graphischen Atelier verbindet uns eine jahrelange Zusammenarbeit. Die entschiedenste Veränderung unseres visuellen Erscheinungsbildes ist sein Werk. Er entwarf das grüne Logo mit den drei Balken, das seit 1986 unser erfolgreiches Unternehmen repräsentiert, und er empfahl auch, aus den "Vereinigten Versicherungen" die "Vereinte" zu machen. Im graphischen Atelier wurde das heutige Corporate Design erarbeitet.

Zusammen mit Anton Stankowski sind insbesondere sein Partner Karl Duschek und die Damen, die das Stankowski-Archiv betreuen, Frau Heinzmann und Frau Rädisch zu nennen, die uns bei der Vorbereitung wesentlich geholfen haben. Allen Ratgebern und Helfern gilt unser besonderer Dank.

Ganz besonders danke ich aber den Künstlern für ihre Bereitschaft, uns ihre Werke anzuvertrauen und unseren Gästen, Mitarbeitern und kunstinteressierten Besuchern diese bedeutende Ausstellung zu ermöglichen.

Werner Fertl
Mitglied der Vorstände der Vereinten

Nicht in die Routine geraten

Bemerkungen zur Fotografie von Ellen Auerbach und Anton Stankowski

Es kam der neue Fotograf. Mitte der 20er Jahre betrat er die Szene. Er hatte wie August Sander
eine fachfotografische Ausbildung genossen, war wie Moholy-Nagy Autodidakt, wie Max
Burchartz aus der Malerei in die Fotografie übergewechselt oder wie Karl Blossfeldt aus didakti-
scher Notwendigkeit zum Fotografen geworden. Was die Genannten verband, war nicht die
aufgesetzte Attitüde einer romantisch gestimmten Boheme, sondern die Haltung zu einem, zu
ihrem Medium, das sich rund hundert Jahre lang hatte legitimieren müssen gegenüber der tradi-
tionellen Tafelmalerei, sich nun aber – endlich – emanzipierte, sich seiner technischen Wurzeln
besann – und auch noch stolz darauf war. „Die Fotografie", hatte Albert Renger-Patzsch 1927
notiert und damit quasi programmatisch die Richtung gewiesen, „die Fotografie hat ihre eigene
Technik und ihre eigenen Mittel. [...] überlassen wir daher die Kunst den Künstlern und versuchen wir mit den Mitteln der Fotografie Fotografien zu schaffen, die durch ihre *fotografischen*
Qualitäten bestehen können – ohne daß wir von der Kunst borgen."[1]

Es kam der neue Fotograf. Er tauchte auf im postrevolutionären Rußland, wo unter dem Banner
des Konstruktivismus neue – fotografische – Sehweisen erprobt und die Künste dezidiert in den
Dienst der Gesellschaft gestellt wurden. In Holland firmierte die Avantgarde unter dem Begriff
de Stijl. Es bildeten sich Gruppen in Ungarn und der Tschechoslowakei. In Frankreich, in den USA,
wo ein Paul Strand bereits 1917 die entsprechende Losung ausgegeben hatte: Aufgabe des Fotografen sei es, „die Grenzen und die Möglichkeiten seines Mediums zu sehen, denn Ehrlichkeit ist
nicht weniger als Intensität der Wahrnehmung eine zwingende Voraussetzung, um einen leben-
digen Ausdruck zu erzielen. [...] Die bestmögliche Realisation dieser Vorgabe erreicht man ohne
Tricks und Manipulation, durch die Anwendung direkter fotografischer Methoden."[2]

In Worten wie diesen manifestierte sich das Selbstverständnis einer neuen Fotografengeneration,
die im Lichtbild das legitime Kommunikationsmittel des technischen Zeitalters erblickte. Nur wer
sich seiner medienimmanent bediente, war auf der Höhe der Zeit und in der Lage, auf die Herausforderungen, das Tempo der Dekade visuell zu antworten. Fotografen vergaßen die kunstfo-
tografischen Regeln von Komposition, Lichtregie, Bildausschnitt und Perspektive – sofern sie sie
überhaupt gelernt hatten – und stießen auf der Suche nach einer neuzeitlichen Formensprache
vor zu den Grenzen des Mediums. Fotografiert wurde aus extremen Auf- oder Untersichten.
Gesichter wurden close up aufgenommen und bisweilen hart angeschnitten. Im Fotogramm, im
Negativdruck, der Solarisation oder Mehrfachbelichtung entdeckten die Künstler neue, nicht
gekannte Ausdrucksmittel. Collage und Fotomontage schienen den Protagonisten geeignete Ver-
fahrensweisen, um der Komplexität der neuen Zeit gerecht zu werden. Hinzu kamen technische
Verbesserungen, etwa lichtstarke Objektive, die das ungestörte Beobachten bei verfügbarem
Licht gestatteten. Oder kleine, mobile Kameras, allen voran die Leica, die das dynamische Fotografieren möglich machten oder zu Serien und Sequenzen mit filmischem Charakter animierten.
Nichts war verboten. Alles erlaubt. Es ging darum, „Schranken zu sprengen – nicht Schranken zu
errichten."[3]

Der neue Fotograf, wie Werner Gräff ihn in seinem 1929 erschienenen, nachgerade epochalen
Buch vorführte, war international. Und doch hatte die Bewegung, mehr informell als organisiert,
im Deutschland der Zwischenkriegszeit so etwas wie ihr Zentrum. Deutschland hatte den Krieg
verloren. Die Revolution von 1918/19 besiegelte die Ära des Wilhelminismus. Das überkommene
Klassen- und Wertesystem hatte abgewirtschaftet. Die Katastrophe, die Niederlage von 1918 ver-
bot den romantisch gestimmten Rückblick auf die Belle Epoque. Das 19. Jahrhundert war end-
gültig vorüber und die Sinne frei für die Herausforderungen des technischen Zeitalters, das nachgerade eine neue Bildsprache verlangte. Noch 1920, auf der *Deutschen Photographischen Ausstellung* in Stuttgart, dominierte die von einem gemäßigten Piktorialismus geleitete, konservative

Kamerakunst. Doch spätestens ab Mitte der 20er Jahre wird die sogenannte *Neue Fotografie* zur vieldiskutierten Kraft in autonomer Fotokunst, Bildjournalismus und Reklame. 1923 wird Moholy-Nagy als Meister ans Bauhaus berufen. Ab 1926 beginnt der Fotografie-Unterricht an der Kunst-gewerbeschule Burg Giebichenstein in Halle. Ab 1928 wird die Folkwangschule in Essen unter Max Burchartz zu einem Zentrum der Avantgarde. Mit *Malerei Fotografie Film* (Moholy-Nagy), *foto auge* (Franz Roh), *Es kommt der neue Fotograf* (Werner Gräff), *Die Welt ist schön* (Renger-Patzsch) oder *Urformen der Kunst* (Blossfeldt) erscheinen die wohl einflußreichsten Buchtitel zu Neuer Sachlichkeit und Neuem Sehen, deren Protagonisten sich auf Ausstellungen wie *Neue Wege der Fotografie* (Jena, 1928), *Fotografie der Gegenwart* (Essen, 1929) oder *Film und Foto* (Stuttgart, 1929) unübersehbar als künstlerische Vorhut präsentieren.

Es kommt der neue Fotograf: Ein Jahr nachdem der zitierte Werner Gräff sein gleichnamiges, wegweisendes Buch veröffentlicht hat, klettert der junge Anton Stankowski auf ein Hausdach, ein Vordach oder eine Dachterrasse – irgendwo in Zürich. Dort angekommen, greift er mit beiden Händen das hölzerne Stativ der soeben angeschafften Linhof Laufbodenkamera und hält sie hoch. Er lacht. Um die Schultern weht noch das bekannte schwarze Tuch der Fachfotografen. Unterhalb der Szenerie postiert hat er die Kleinbildkamera, die nun per Selbstauslöser den Moment für die „Ewigkeit" fixiert. Etwa zur gleichen Zeit blickt in Berlin Ellen Auerbach in den Spiegel. In der Hand hält sie die kleine, leichte Leica, die – 1925 erstmals vorgestellt – zum viel-genutzten Handwerkszeug der internationalen Avantgarde geworden ist. Ellen Auerbach hält inne – und löst aus.

Bilder wie diese gehören, sozusagen, zu den Pflichtübungen des Fotografen, zu den Topoi berufsfotografischer Praxis, von Hermann Krone bis in unsere Tage. Wobei nicht verschwiegen werden soll, daß das Thema von der Kunst geborgt ist. War es dort der Maler mit Palette, so ist es jetzt, im fotografischen Zeitalter, der Fotograf mit Kamera, der sich in glücklichen Momenten erfolgreichen Schaffens oder besser: den Pausen dazwischen stolz der Nachwelt überliefert. Selbstvergewisserung und formal-ästhetische Standortbestimmung in einem. Dazu: unüberseh-bar zur Schau getragener Besitzerstolz. Der neue Fotoapparat: Produktionsmittel, technisches Medium der Bilderzeugung und – wie im Falle der Leica – Demonstration zugleich. Achtung: Es kommt der neue Fotograf!

Ellen Auerbachs Selbstbildnis ist – genaugenommen – konventionell in der Anlage, fortschrittlich vor allem in den Accessoires, vom unübersehbaren, die neue Frau signalisierenden Bubikopf bis hin zur Kleinbildkamera. Anton Stankowskis eher traditionelle Ausrüstung hingegen wird, gewissermaßen, ironisch gebrochen durch die steile Untersicht, den entfesselten, kühnen Blick. Immerhin – im Wunsch, modern zu sein, begegnen sich die beiden Bilder.

Anton Stankowski und Ellen Auerbach, beide Jahrgang 1906, sind Kinder ihrer Zeit, emanzipiert, nicht allein kraft eigener Entschlußfreudigkeit, sondern auch dank einer sozial durchlässiger gewordenen Weimarer Republik, die der Frau den Weg in den kreativen Beruf, dem Bergarbeiter-sohn den Zugang zum Studium zumindest nicht verwehrt. Ellen Auerbach entstammt einer liberalen, bürgerlich-jüdischen Familie. Stankowskis Vorfahren waren aus den Masuren ins Ruhr-gebiet eingewandert. Früh fallen beide auf durch ihre künstlerische Begabung und ästhetischen Interessen, die freilich gegen die Vorstellungen der Eltern erst einmal durchgesetzt werden wollen. Ellen Auerbach, zu diesem Zeitpunkt noch Ellen Rosenberg, berichtet von zwei Onkeln, die ihr geholfen hätten. Die, so die Fotografin, hätten die Eltern überzeugt: „Das einzige, was die vielleicht kann, ist die Kunst."[4]

In Karlsruhe beginnt sie, Bildhauerei zu studieren, unter anderem bei Paul Speck, der „sehr modern gewesen" sei, sowie bei dem neusachlichen Maler Karl Hubbuch – ein „unerbittlicher Lehrer", dessen Zeichenschule immerhin das genaue Hinsehen gefördert habe, was der späteren Fotografie zweifellos zugute kommt. 1929 dann der Wechsel nach Berlin. Weil, wie Ellen Auer-bach gesteht, eine Schülerin der Kunstschule, eine Bekannte, erzählt habe: „,Da ist ein Mann, der ist wunderbar angezogen und hat die beste Jazzplatten-Sammlung, die ich je gehört habe.' Ich geniere mich, das zu sagen, weil es so oberflächlich klingt. Aber das hat mich sehr beeindruckt."

Die Erinnerungen an das Berlin der ausgehenden 20er Jahre sind erstaunlich blaß. Um so deutlicher das Bild des gut gekleideten Plattensammlers Walter Peterhans, der – obwohl bereits im Umzug nach Dessau begriffen, wo er in der Nachfolge von Moholy-Nagy am Bauhaus eine Fotoabteilung aufbauen soll – der jungen Aspirantin noch einige wenige, gleichwohl eindrückliche Lehrstunden erteilt. „Er hatte sein Studio im hinteren Teil seiner Wohngelegenheit", erinnert sich Ellen Auerbach. „Auf zehn Uhr war ich bestellt, an irgendeinem Tag. Und da ich krankhaft pünktlich bin, war ich wahrscheinlich fünf Minuten vor zehn da. Er kam also etwas verschlafen raus und sagte dann: ‚Haben Sie ein Stativ?' Und ich habe gesagt: ‚Ja.' Und dann kam ich mit diesem dünnen Skelett, so Röhrchen, zusammenklappbar. Das hat er sich etwas verächtlich angeschaut. Dann verschwand er wieder ziemlich lange und kam zurück mit seinem Faltstativ aus Holz. Das hat er aufgestellt, ganz ruhig, ohne zu sprechen. Und dann hat er mit der flachen Hand auf seins geklatscht. Und das stand ehern. Und dann hat er auf meins geklatscht, und das brach vollkommen zusammen. Das war die erste Stunde."

Im Berlin der 20er und frühen 30er Jahre findet sie Freundinnen, Freunde, voran Grete Stern, die bereits seit 1927 bei Peterhans lernt und von der Ellen Auerbach die Grundlagen der Kamerapraxis vermittelt bekommt. Ein Kontakt zur Fotoavantgarde in der Hauptstadt scheint kaum bestanden zu haben. Sie könne sich nicht an irgendwelche Fotografen erinnern, meint Ellen Auerbach im Rückblick. Um so stärker der Eindruck, den Walter Peterhans auf die angehende Fotografin hinterläßt. „Einmal", berichtet Ellen Auerbach, „hat er mir erlaubt zuzuschauen, wie er ein Stilleben aufbaut. Vier oder fünf kleine Stoffstückchen. Ich bin sicher, es hat vier Stunden gedauert, bis er die arrangiert hatte, mit einer Pinzette. Und dann hat er gesagt: ‚Sehen Sie das Licht von hinten?' Das war so etwas Mysteriös. Die Härchen sind hochgestanden, ganz romantisch. Und dann hat er das abgedreht und von vorn beleuchtet. Und das war nun ganz analytisch. Klar und deutlich. Da ist mir ein Licht aufgegangen."

Grete Stern übernimmt das Peterhanssche Studio nach dessen definitiver Übersiedlung nach Dessau. Nach einiger Zeit, erinnert sich Ellen Auerbach, habe die Freundin dann gefragt, ob sie einsteigen wolle. „Und da habe ich gesagt: ‚Ja'. Aber ich muß erst meine Eltern fragen. Die haben es weder erlaubt noch verboten. Und dann fingen wir an. Es hat viel Freude gemacht. Allerdings war nur ein kleiner Teil der Bilder Aufträge. Der größere Teil war Studieren, daß man das machen kann und jenes." Von der Akribie und Perfektion eines Walter Peterhans versuchen sich Ellen Auerbach und Grete Stern zu lösen zugunsten eines unbeschwerteren und spielerischeren Zugriffs auf Sachfotografie und Porträt, wobei hier Einflüsse des seinerzeit vieldiskutierten Fotografen Umbo nicht ausgeschlossen werden können, bei dem sich Grete Stern nachgewiesenermaßen zunächst um eine Lehrstelle beworben hatte.[5] Auch im Bereich neuzeitlicher Werbegrafik versucht man Fuß zu fassen. Was unter dem Label ringl + pit (so die Rufnamen ihrer Kindertage) entsteht, befindet sich durchaus auf der Höhe der Zeit. Mit der Komposition einer Anzeige für das Haarfärbemittel *Komol* etwa können sich die beiden Fotografinnen sogar einen Ersten Preis bei der *Exposition Internationale de la Photographie et du Cinéma* in Brüssel sichern. Insgesamt scheint dem Unternehmen allerdings kein kommerzieller Erfolg beschieden gewesen zu sein. „Vielleicht war unsere schlechteste Eigenschaft Geschäftssinn", gesteht Ellen Auerbach. „Bis vor kurzem war es die Ehre, die auf uns zukam. Aber es war geldlose Ehre." Zuschüsse der Eltern sowie eine kleine Erbschaft für Grete Stern sichern immerhin das Überleben. Was nicht ausschließt, daß aus dem neugierig-experimentellen Umgang mit der Kamera letztlich doch ein auch kommerziell erfolgreicher Betrieb geworden wäre.

Mit der „Machtergreifung" durch die Nationalsozialisten freilich endet die bemerkenswerte Lebens- und Arbeitsgemeinschaft der beiden jungen Frauen. Bereits im Herbst 1933 verlassen

Ellen Auerbach und Grete Stern Deutschland. Eines Tages habe sie erfahren, daß es Leute gibt, die in Konzentrationslager eingesperrt würden, meint Ellen Auerbach. „Nicht nur Juden. Auch politische Gegner. Und da kam es mir vor, man könne nicht bleiben in einem Land, wo man in ein Konzentrationslager eingesperrt wird." Grete Stern flieht über London nach Argentinien, die Heimat ihres Mannes Horacio Coppola. Ellen Auerbach emigriert über Palästina nach New York. Bereits in Tel Aviv hat sie sich mit Kinderporträts ein neues Aufgabengebiet erschlossen. Nun, in den USA, greift sie das Thema wieder auf. Nebenher entstehen bemerkenswerte Farbstills in dem seinerzeit recht komplizierten – unter anderem von Paul Outerbridge praktizierten – Carbro-Color-Verfahren, die allerdings kaum mehr als Episode bleiben. Hinzu kommt ein größerer Werk-komplex mit dokumentarischen Aufnahmen aus Lateinamerika, aus dem Jahre später noch zwei Fotobände schöpfen. Mitte der 60er Jahre schließlich gibt Ellen Auerbach die Fotografie end-gültig auf, um sich fortan der Therapie lerngestörter Kinder zu widmen. Wiederentdeckt wurde ihr Frühwerk Ende der 70er, Anfang der 80er Jahre und seither immer wieder im Kontext der Bauhausfotografie und der Foto-Avantgarde der 20er Jahre publiziert. Daß sie es geschafft habe, fünfzig Jahre praktisch unbekannt zu bleiben, um dann im hohen Alter quasi entdeckt zu werden – Ellen Auerbach erfüllt dies nach wie vor mit Staunen.[6]

Eine Ausstellung im Kunsthaus Zürich 1979 mit dem Titel *Anton Stankowski – Photographien – Eine Auswahl von 1925–1955* sowie eine Ausstellung in der Kunsthalle Tübingen (gemeinsam mit Wols) dürfen als Auftakt der neuerlichen Rezeption des heute auf gut 10 000 Negative geschätzten fotografischen Oeuvres von Anton Stankowski gelten. Noch in den 50er Jahren hatte der Autor große Teile des als Ballast empfundenen Positiv-Archivs vernichtet. Womit zum einen ein bezeichnendes Licht auf den Stand des Marktes für fotografische Originale fällt – der Vintage Print, mit anderen Worten, war noch nicht erfunden. Zum anderen Stankowskis Selbst-verständnis als Kamerakünstler deutlich wird, der sein Oeuvre stets als Quelle, als „Steinbruch" seiner fortschrittlichen Gebrauchsgrafik betrachtet hat, ganz im Sinne jener konstruktivistischen Ansätze, wie sie der gelernte Dekorations- und Kirchenmaler während seines Studiums bei Max Burchartz mitbekommen hat. Burchartz, selbst – genaugenommen – fotografischer Autodidakt, galt seinerzeit – neben Hans Finsler und Walter Peterhans – als bedeutendster Fotopädagoge. Ein Kamerakünstler, der über die sachgerechte Fotopraxis der zitierten Kollegen hinaus das Lichtbild in Kombination mit neuzeitlicher Typografie zu dem zu verschmelzen suchte, was seinerzeit als neuzeitliche Werbung diskutiert und insbesondere vom Ring *neue Werbegestalter* heftig pro-pagiert wurde.[7]

Überregional auf sich aufmerksam macht Anton Stankowski erstmals im Rahmen der 1928 ab-gehaltenen Kölner Ausstellung *Pressa*. Seine Werbeblätter für die Heidelberger Druckmaschinen dort werden von keinem Geringeren als Jan Tschichold ihrer „Klarheit und Übersichtlichkeit" wegen gelobt. Es folgt eine vielbeachtete Publikation in der Zeitschrift des Deutschen Werk-bundes *Die Form*. Und auch auf der legendären *Film und Foto*-Ausstellung ist Anton Stankowski (mit einer politischen Fotomontage) vertreten, ehe er – 1929 – von der Züricher Werbeagentur Max Dalang entdeckt und engagiert wird. „Das war ja ein Wunder, in der Zeit, in meinem Alter, die Schweiz auch noch." Zwar, gesteht Anton Stankowski, eine „Ahnung, wie richtig fotografiert wird", habe er nicht gehabt. „Aber was man so brauchte, brachte ich immer wieder zusammen, auf eine andere Art, als man es erwartet hat."[8]

Die Schweizer Jahre, von 1929 bis zu der aus politischen Gründen erzwungenen Übersiedlung nach Stuttgart Mitte der 30er Jahre, blieben Stankowskis fruchtbarste Zeit im Fotografischen, wobei nicht genug betont werden kann, daß das Gros der neuerdings isoliert gezeigten Kamera-bilder stets gedacht war als bildhaftes Lexikon zu erstellender fortschrittlicher Werbebotschaften. Fotogramme, Bewegungsstudien, kühne Auf- oder Untersichten zeigen Stankowski als ge-lehrigen Schüler einer experimentellen Kamerakunst. Hinzu kommen serielle Aufnahmen mit Reportagecharakter sowie neusachliche Objektstudien, mit denen nicht zuletzt Stankowski jenen vom Atelier Dalang in Anzeigen vorformulierten Anspruch auf fortschrittliche Werbung verwirklichen konnte. „Wie macht man Reklame?", hieß es etwa in einer Eigenwerbung von 1931: „… unter anderem mit der Kamera." Anton Stankowski war es, dem man – nicht zuletzt unter Einsatz der zitierten Linhof – diese Aufgabe zuwies ganz im Sinne einer kurz zuvor von Willi Warstat propagierten *Werbekunst.* „Die Photographie", hatte der 1929 notiert, „bildet die Dinge, auf dem Gebiete der Werbetechnik also die Ware, mit einer so vollendeten Treue und Genauigkeit ab […], daß sie darin von keiner anderen Technik, vor allen Dingen nicht von der zeichnerischen, übertroffen werden kann."[9]

Daß Anton Stankowski bis Kriegsausbruch, aber auch nach seiner Rückkehr aus der Kriegsgefangenschaft auch als Bildjournalist, nach 1948 gar zeitweise als Chefredakteur der *Stuttgarter Illustrierten* tätig war, bleibt vor dem Hintergrund seines innovativen fotografischen Oeuvres um 1930 eher marginal. Darüber hinaus war Anton Stankowski aktiv als Zeichner, Grafiker und Maler, als Schöpfer eines vielbeachteten, an der Idee einer konkreten Kunst geschulten Oeuvres. Er hat Firmenlogos entwickelt – unter anderem das der Deutschen Bank oder des Süddeutschen Rundfunks, der Vereinten. Er hat Werbung gestaltet für Schaub Lorenz oder Viessmann. Er hat Erscheinungsbilder konzipiert sowie Plastiken, Reliefs oder Objekte für den öffentlichen Raum erdacht und realisiert. Anton Stankowski selbst hat dieses facettenreiche Werk – die Kamerakunst eingeschlossen – stets als Ganzes gesehen und veröffentlicht und damit ein Stück konstruktivistischen Geist in eine Zeit gerettet, die die Kunst wieder den Museen und werbliche Aufgaben allein dem Marketing anvertrauen möchte.

Es gibt Unterschiede, aber auch viele bemerkenswerte Parallelen im Werk von Anton Stankowski und Ellen Auerbach. Beider Oeuvre ist zu sehen im Kontext der Avantgardefotografie der Zwischenkriegszeit, auch wenn etwa Ellen Auerbach sich seinerzeit ihrer Vorreiterrolle keineswegs bewußt war. „Ich finde", erklärt sie rückblickend, „wenn man uns lobt, weil wir solche Vorläufer waren, dann war das kein so großes Verdienst. Das war mehr die Zeitatmosphäre. Und da wir vorher keine Fotografie gemacht haben, haben wir nicht umgelernt. Gleich das erste, was wir gemacht haben, war ja schon modern. Der Peterhans war ja ein ganz moderner Fotograf. Da sind wir durch nichts durchgebrochen." Beider Oeuvre versucht zu vermitteln zwischen *Frei und Angewandt,* um Anton Stankowskis jüngste Monographie zu zitieren. Und schließlich: Für beide war die Fotografie ein Medium des Übergangs, Zwischenstation in einem vielseitig kreativen Leben. „Ich habe mein ganzes Leben lang meine Aufgaben verändert", sagt Anton Stankowski. „In den 20er Jahren, in der Frühzeit der Fotografie, gehörte ich zu den Avantgardisten, nach fünf, zehn Jahren habe ich das abgestoßen. Es interessierte mich nicht mehr. Dann kam die Typografie, dann die Malerei, dann das Pressewesen, dann die unternehmerischen Aufgaben mit den Schutzmarken, jetzt der Bereich Architektur." Ihn interessierten Gebiete, „die nicht in die Routine geraten sind", meint Anton Stankowski, der nach wie vor in Stuttgart lebt und arbeitet.[10] Ellen Auerbach hat seit den 40er Jahren in Manhattan, genauer in der 85. Straße eine neue Heimat gefunden. Persönlich begegnet sind sich die beiden nie.

Michael Koetzle

1 Albert Renger-Patzsch: Ziele. Zit. nach Wolfgang Kemp: Theorie der Fotografie 1912-1945. München, 1979. S. 74.
2 Paul Strand: Fotografie. Zit. nach Wolfgang Kemp: a. a. O., S. 59.
3 Werner Gräff: Es kommt der neue Fotograf! Berlin, 1929. S. 5.
4 Gespräch mit Ellen Auerbach anläßlich der Finissage ihrer Ausstellung am 22. Mai 1994 im HfG-Archiv Ulm.
5 ringl + pit. Grete Stern, Ellen Auerbach. Essen, 1993. (Kat. Museum Folkwang) S. 74.
6 Ebenda, S. 15.

7 „Typographie kann unter Umständen Kunst sein". Ring „neue werbegestalter" 1928-1933. Ein überblick. Hannover, 1990. (Kat. Sprengel Museum)
8 Anton Stankowski: Das Gesamtwerk 1925-1982. Stuttgart, 1983. S. 27.
9 Willi Warstat: Die Photographie in der Werbekunst. Zit. nach Wilfried Wiegand (Hrsg.): Die Wahrheit der Photographie. Klassische Bekenntnisse zu einer neuen Kunst. Frankfurt a. M., 1981. S. 211.
10 Anton Stankowski: a. a. O., S. 418.

Ellen Auerbach
London, 1935
28,1×40,4 cm

Ellen Auerbach
Straßenkehrer, Chile, 1948
16,2×25,2 cm

Ellen Auerbach
Eliot Porter, New York, 1957
22,8×23 cm

Anton Stankowski
Reisegesellschaft, Zürich, 1932
40,2×30,5 cm

Anton Stankowski
Mailand, 1931
31,3×49 cm

Anton Stankowski
Maiumzug mit Verkehrsstau, 1930
23,8×30,4 cm

Ellen Auerbach
Time marches on, 1938
40,4×28,1 cm

Ellen Auerbach
Statue of Liberty, 1940
24,1×16,2 cm

Anton Stankowski
Schmucklampen, 1932
38,7×29,7 cm

Anton Stankowski
Paris, 1955
23,8×30,3 cm

Anton Stankowski
Seifenboden, 1931
32,8×48 cm

Ellen Auerbach
Sombreros, 1956
22,5×19,7 cm

Anton Stankowski
Tütenware, 1932
40,4×30,4 cm

Anton Stankowski
Die schönen Wagen, 1930
20,8×29,2 cm

Ellen Auerbach
Gütermann, um 1930
10×13 cm

Ellen Auerbach
Fragment einer Braut, 1930
16,2×22,1 cm

Anton Stankowski
Antitechnik, 1933
47,6×39,3 cm

Anton Stankowski
Fleissig-fleissig, 1937
37,1×27,5 cm

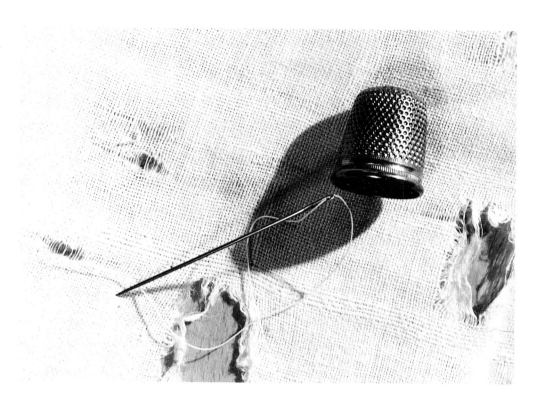

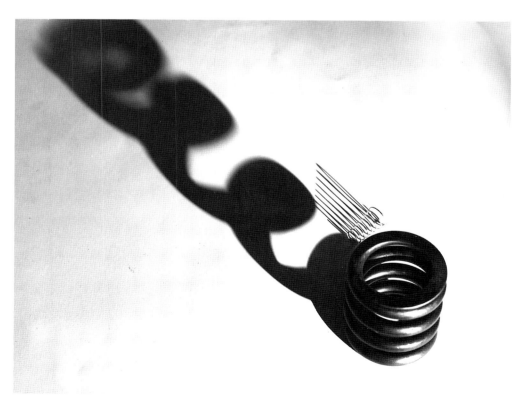

Anton Stankowski
Spiralfedern und Schatten, 1932
23,7×30,3 cm

Ellen Auerbach
Handschuh, 1929
21,5×16,3 cm

26

Ellen Auerbach
Ei des Kolumbus, 1930
17×13 cm

Anton Stankowski
Gaswerke Zürich, 1931
Fotomontage,
15,9×23 cm

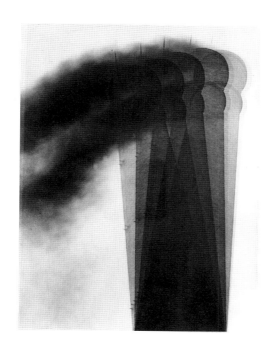

Anton Stankowski
Schornstein, 1935
Simultanvergrößerung, 40,4×30,5 cm

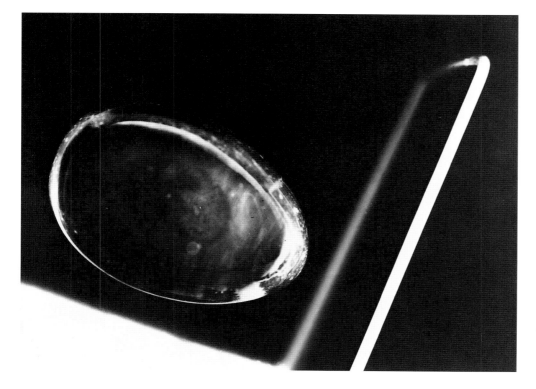

Anton Stankowski
Glasei, 1927
Fotogramm, 26,8×20,1 cm

Ellen Auerbach
Tortillas, Mexico, 1956
19×19 cm

Ellen Auerbach
Tortillas, Mexico, 1956
19,7×24,6 cm

Ellen Auerbach
Tortillas, Mexico, 1956
20,8×19,1 cm

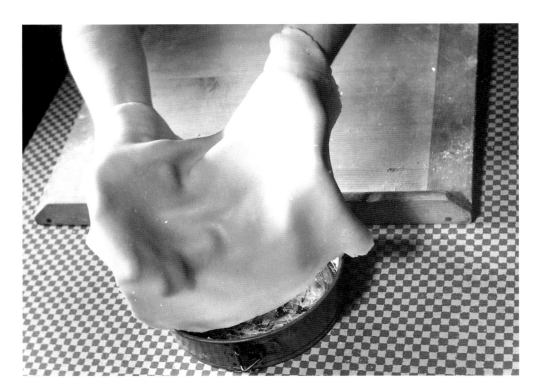

Anton Stankowski
Unterwegs zum Blätterteig, 1933
17,8×23,9 cm

Anton Stankowski
Pasta, 1932
17,8×23,9 cm

Anton Stankowski
Das Paar, 1930
17,6×12,7 cm

Ellen Auerbach
Kurfürstenstraße, Berlin, 1932
32×25,3 cm

Ellen Auerbach
Telegraph Office, 1953
24,2×31,8 cm

Anton Stankowski
Hinterm Spiegel, 1952
40×48,4 cm

Anton Stankowski
Taubenschlag, 1934
30,4×23,8 cm

Ellen Auerbach
ohne Titel, Mexico, 1956
20×25 cm

Anton Stankowski
Zwei Fahrzeuge, 1929
30,1×30,4 cm

Anton Stankowski
Murmelspiel, 1929
28,9×28,5 cm

Anton Stankowski
Zehnerprobe, 1934
48,8×39,5 cm

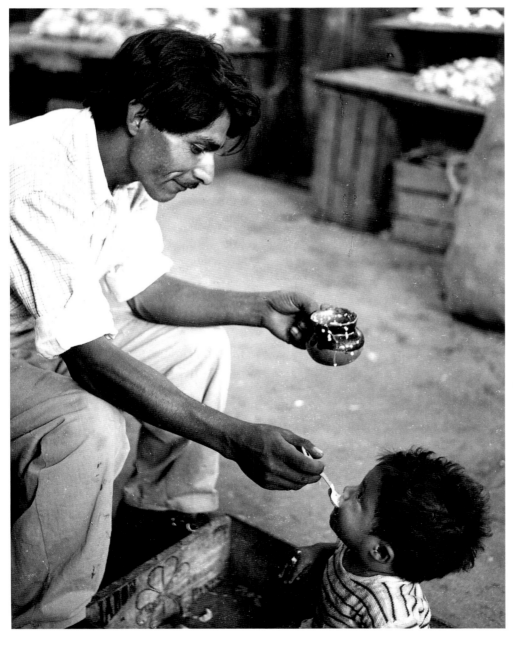

Ellen Auerbach
ohne Titel, Mexico, 1956
24,4×19,3 cm

Ellen Auerbach
ohne Titel, Maine, 1940
24,2×35,3 cm

Anton Stankowski
Brotbetteln, 1949
28,8×28,3 cm

Anton Stankowski
Seilspringen, 1930
24×30,3 cm

Anton Stankowski
Abraumhalde, Gelsenkirchen, 1928
24×30,4 cm

Anton Stankowski
Vater und Sohn, 1929
30,5×40,6 cm

Ellen Auerbach
Löwenzahn, 1957
33,7×27,5 cm

Ellen Auerbach
Big Sur, California, 1950
22,9×35,3 cm

Anton Stankowski
Zürich, am Schmidthof, 1937
30×38,6 cm

Anton Stankowski
Garmisch, 1937
31,7×47,8 cm

Ellen Auerbach
Slums in London, 1935
26,5×33,7 cm

Ellen Auerbach
Maine, 1939
29,2×24,6 cm

Anton Stankowski
Feierabend, 1929
40,4×30,7 cm

Anton Stankowski
Im Altersheim, 1930
17,2×23 cm

Ellen Auerbach
Schwefelbad, 1950
26×34,3 cm

Ellen Auerbach
Renate Schottelius, 1946
26,9×35,2 cm

Anton Stankowski
Samstagabend, 1933
22,1×30,4 cm

Anton Stankowski
Kläre Bleidorn, 1934
23,9×17,8 cm

Ellen Auerbach
ohne Titel, Mallorca, 1959
27,5×33,2 cm

Ellen Auerbach
ohne Titel, Mallorca, 1959
23,1×31,7 cm

Ellen Auerbach
Dancing trees, 1959
31,2×26,8 cm

Anton Stankowski
Wiesenschatten, 1928
23,8×17,2 cm

Anton Stankowski
Negativ als Positiv, 1928
22,2×17,3 cm

Anton Stankowski
Landschaft, 1954
Collage, ca. 44,5×28 cm

Ellen Auerbach

Am 20. Mai 1906 in Karlsruhe als Tochter einer liberalen jüdischen Familie geboren. Der Vater
Max Rosenberg. Die Mutter Melanie Rosenberg, geb. Gutmann. 1912–23 Volksschule und
humanistisches Gymnasium. 1924–27 Studium der Bildhauerei an der Badischen Landeskunst-
schule in Karlsruhe bei Prof. Karl Speck und Karl Hubbuch. 1928 Wechsel nach Stuttgart. Dort
Fortsetzung des Studiums an der Akademie der bildenden Künste (Am Weißenhof). In dieser Zeit
erste Fotografien mit einer 9×12 cm Plattenkamera, dem Geschenk eines Onkels. 1929 übersiedlung nach Berlin. Im Atelier von Walter Peterhans Bekanntschaft mit Grete Stern. Gemeinsam
mit Stern Übernahme des Peterhansschen Studios nach dessen Wechsel ans Bauhaus in Dessau.
Porträtaufnahmen, Werbung, experimentelle (Sach-) Fotografie unter dem Firmennamen
ringl + pit. Außerdem drei Kurzfilme (16 mm): *Heiterer Tag auf Rügen; Gretchen hat Ausgang;
Bertolt Brecht*.
1933 Erster Preis für die Werbeaufnahme Komol bei der *Exposition Internationale de la Photographie et du Cinéma* in Brüssel. Im selben Jahr Emigration nach Palästina. In Tel Aviv Eröffnung
eines Studios für Kinderfotografie *Ishon*. 1935 Kurzbesuche in London, Karlsruhe und Berlin.
Rückgang der Geschäfte nach Ausbruch des Abessinien-Krieges (1935). Aufgabe des Studios.
Einjähriger Aufenthalt in London (1936/37) und 1937 Heirat mit Walter Auerbach in London.
1937 Emigration in die USA. Zunächst ansässig in Elkins Park bei Philadelphia. Verschiedene
Aktivitäten, u. a. tätig für die Kunstsammlung Lessing-Rosenwald, Experimente mit Infrarot- und
ultraviolettem Licht im Dienst der Konservierung bzw. Restaurierung von Druckgrafik sowie Ver-
suche in der Carbro-Color-Technik. Wiederaufnahme der Kinderfotografie. 1944 Übersiedlung
nach New York. Sporadisch Aufnahmen für *Time Magazine* und *Columbia Masterworks*. 1945
Trennung von Walter Auerbach. 1946 Reisen nach Lateinamerika und Europa (u. a. Deutschland
und Österreich). Bis 1946 Fotodokumentation und Filme über das Verhalten von Kleinkindern im
Auftrag der Menninger Klinik für Psychologie in Topeka, Kansas. 1953 Dozentur für Fotografie
am *Junior College of Arts and Crafts* in Trenton, N.J. 1955 zusammen mit Eliot Porter Fotoreise
nach Mexiko. Bis 1956 umfängliche Fotodokumentation mexikanischer Kirchen (Farbe und
Schwarzweiß). Publikation zweier Bildbände: *Mexican Churches* (1987) und *Mexican Celebrations*
(1990). 1958–65 Reisen u. a. nach Mallorca, Norwegen und Argentinien. Ab 1965 zunehmend
tätig im Bereich Erziehungs- und Lerntherapie. Allmählich Aufgabe der Fotografie. 1979 Einzel-
ausstellung in der *Sander Gallery* in Washington, 1981 im *Bauhaus-Archiv* Berlin. Weitere Einzel-
ausstellungen in Buenos Aires, New York, Wuppertal, Vancouver, Bakersfield, Chicago. Mehrere
Publikationen im Kontext der experimentellen bzw. Bauhaus-Fotografie der 20er und 30er Jahre.
Lebt in New York.

*Lit.: (primär/sekundär) Van Deren Coke: Avantgarde-Fotografie in Deutschland 1919–1939.
München, 1982. – Wulf Herzogenrath: Bauhausfotografie. Stuttgart, 1983. (Kat. Institut für Aus-
landsbeziehungen). – Emigriert. Grete Stern und E. A. Fotografien vor und nach 1933. Wuppertal, 1988. (Kat. Stadtbibliothek) – Maud Lavin: Maskeraden weiblicher Bildlichkeit „Ringl + Pit"
und die Werbefotografie der Weimarer Republik. In: Fotogeschichte, Nr. 29, 1988. – Fotografie
am Bauhaus. Überblick über eine Periode der Fotografie im 20. Jahrhundert. Berlin, 1990. (Kat.
Bauhaus-Archiv) – Constance Sullivan: Women Photographers. New York, 1990. – ringl + pit.
Grete Stern, Ellen Auerbach. Essen, 1993. (Kat. Museum Folkwang) – Fotografieren hieß teil-
nehmen. Fotografinnen der Weimarer Republik. Düsseldorf, 1994. (Kat. Museum Folkwang) –
Klaus Honnef/Frank Weyers: Und sie haben Deutschland verlassen müssen. Fotografen und ihre
Bilder 1928–1997. Bonn, 1997. (Kat. Rheinisches Landesmuseum) – Deutsche Fotografie. Macht
eines Mediums 1870–1970. Köln, 1997. (Kat. Kunst und Ausstellungshalle der BRD)*

Anton Stankowski

Am 18. Juni 1906 in Gelsenkirchen als Sproß einer Bergarbeiter-Familie geboren. Die Eltern, Michael und Sylvestra S., stammen aus den Masuren. Kindheit in Gelsenkirchen. Ab 1914 Besuch der Dorfschule in Moddelken (Ostpreußen). 1919 Rückkehr nach Gelsenkirchen. Vergebliche Suche nach einer Lehrstelle als Bergmann. Daher – ab Juni 1920 – Lehre als Anstreicher und Dekorationsmaler bei Franz Pusch in Gelsenkirchen. Aktiv in der Wandervogelbewegung. In dieser Zeit auch erste Kamerabilder mit einer gebrauchten Voigtländer. Zusätzlich zur Lehre kostenlose Abend- und Sonntagsmalkurse der Stadt Gelsenkirchen. 1923 Ende der Lehrzeit und Eintritt ins Düsseldorfer Atelier für kirchliche Kunst Dortmann & Vietz. Daneben private Malstunden bei Franz von Ikier sowie Kontakt zur Gruppe *Junges Rheinland* um die Kunsthändlerin Johanna Ey. 1926 erfolgreiche Aufnahmeprüfung für ein Studium an der Essener Folkwangschule. Dort ab 1927 Unterricht bei Wilhelm Poetter, v. a. bei Max Burchartz, dessen an Konstruktivismus und de Stijl geschulte Gestaltungslehre S. nachhaltig prägt. Beginn einer intensiven Auseinandersetzung mit der Fotografie im Sinne eines *Neues Sehens*. Materialstudien, Sachaufnahmen, Straßenszenen, aber auch Bilder mit Reportagecharakter sowie politisch motivierte Fotomontagen, die den Verweis auf John Heartfield und die *AIZ* gestatten. Ab 1928 freiberuflich tätig insbesondere für den Bochumer Werbeberater Johannes Canis. Entwurf eines Informationsstandes für die Kölner Ausstellung *Pressa*. Außerdem vertreten auf der wegweisenden Stuttgarter Ausstellung *Film und Foto* (1929) sowie einer Präsentation der Folkwang Schule, wo der Züricher Werbegestalter Max Dalang auf den jungen S. aufmerksam wird. 1929 Wechsel nach Zürich ins Atelier Max Dalang. Dort insbesondere Auseinandersetzung mit Fotografie und Typografie im Sinne einer neuzeitlichen *Konstruktiven Grafik*. Mitglied der Künstlergruppe *Die Augen* um Max Bill. Bekanntschaft, Freundschaft u. a. mit Hans Neuburg und Richard Paul Lohse sowie den Fotografen Gotthard Schuh, Ernst A. Heiniger und Herbert Matter. 1932 Teilnahme an der vom Schweizer Werkbund organisierten Ausstellung *neue fotografie in der schweiz*. 1933 Heirat mit Else Hetzler (gest. 1980). 1934 Entzug der Arbeitserlaubnis. In der Folge freiberuflich tätig für die Züricher Verleger Neuenschwander und Otto Walter. 1936 Übersiedlung nach Lörrach/Baden. 1938 nach Stuttgart. Dort Fotoreportagen für die *Stuttgarter Illustrierte*. Anfang 1939 gemeinsam mit Emil Zander Gründung eines *Grafischen Ateliers*. 1940–45 Kriegsdienst. Bis 1948 in russischer Gefangenschaft. Rückkehr nach Stuttgart. Dort zunächst tätig als Fotoreporter bzw. Chefredakteur der *Stuttgarter Illustrierten*. 1951 erneut Gründung eines eigenen Ateliers. Tätig u. a. für Münchener Rück, IBM, Deutsche Bank, REWE, SEL, Viessmann, Verein(ig)te Versicherungen. Parallel hierzu Weiterentwicklung seiner Tafelmalerei im Sinne einer konkreten (gegenstandlosen) Kunst. Mitglied des Deutschen Werkbundes (ab 1953), der Alliance Graphique Internationale (ab 1956) sowie des Deutschen Künstlerbundes (ab 1975). 1954 Teilnahme an der XX. Triennale in Mailand (deutsche Abteilung zusammen mit Egon Eiermann und Mia Seeger). 1962 erste Ausstellung seiner gebrauchsgrafischen Arbeiten im Landesgewerbeamt Stuttgart. 1973 Ausstellung des gebrauchsgrafischen Werks im Kunstgewerbemuseum Zürich. 1979 erste Retrospektive des fotografischen Oeuvres im Kunsthaus Zürich. 1983 Retrospektive in Kassel. Im selben Jahr Gründung der *Stankowski-Stiftung* (Ehrung von Persönlichkeiten, die die Trennung von Kunst und Design überwinden helfen). Preisträger: Almir Mavignier 1985, Willi Daume 1986, Hans Peter Hoch 1988, Wim Crouwel 1991, Donald Judd 1993, Erwin Heerich 1995, Ingo Günter 1997. 1991 Hans-Molfenter-Preis der Stadt Stuttgart für A. S. Lebt in Stuttgart.

Lit.: (primär/sekundär) München, 1978. (Kat. Galleria del Levante) – A. S. Photographien. Eine Auswahl von 1925–1955. Zürich, 1979. (Kat. Kunsthaus). – A. S. Fotografien/Photos 1927–1962. Köln, 1980. – A. S. Das Gesamtwerk. Die Einheit von freier und angewandter Kunst 1925–1982. Stuttgart, 1983. – A. S. Fotografie. Stuttgart, 1991. (Kat. Staatsgalerie) – A. S. Frei und Angewandt 1925–1995. Berlin, 1996.

Impressum

Der Katalog erscheint anläßlich der
Ausstellung
Ellen Auerbach   Anton Stankowski,
Zeitgenossen
21. Oktober–28. November 1997
im Ausstellungsfoyer der
Vereinten Versicherungen

Frontispiz
Ellen Auerbach, Selbstportrait, 1935
Anton Stankowski, Selbstportrait, 1929

Kurator
Walter Storms

Herausgeber
Vereinte Versicherungen, München

Kataloggestaltung
Karl Duschek, Stuttgart

Auflage
2000 broschiert

Reproduktionen: Karl Dörfel, München
Satz, Druck, Bindung: Sellier Druck GmbH,
Freising

© 1997 die Autoren
im Verlag Walter Storms, München

ISBN 3-927533-16-5

Das Werk von Ellen Auerbach
wird vertreten durch die
Robert Mann Gallery, New York